DÉPARTEMENT DE SEINE-ET-OISE

Loi du 23 décembre 1874

SURVEILLANCE

DES

ENFANTS EN NOURRICE

VERSAILLES

CERF ET FILS, IMPRIMEURS DE LA PRÉFECTURE

59, RUE DUPLESSIS.

1880

Loi du 23 décembre 1874

SURVEILLANCE DES ENFANTS EN NOURRICE

VERSAILLES — CERF ET FILS, IMPRIMEURS DE LA PRÉFECTURE.

SURVEILLANCE DES ENFANTS EN NOURRICE

EN 1878

Loi du 23 décembre 1874.

MONSIEUR LE PRÉFET.

J'ai l'honneur de vous soumettre, en conformité de l'art. 16 du règlement du 27 février 1877, le compte-rendu de l'application en 1878, dans Seine-et-Oise, de la loi relative à la surveillance des enfants élevés moyennant salaire hors du domicile de leurs parents.

Je suivrai dans cet exposé l'ordre des articles du règlement d'administration publique.

COMMISSIONS LOCALES :

Le Comité départemental a décidé qu'il serait institué des Commissions de surveillance dans les localités où se trouvent placés 5 enfants de Seine-et-Oise ou 2 enfants étrangers.

Des Commissions ont été instituées en suite de cette décision dans :

71 Communes sur	115	de l'Arrondissement de	Versailles.
92	—	119	—	Rambouillet.
84	—	165	—	Pontoise.
41	—	125	—	Mantes.
48	—	69	—	Etampes.
65	—	93	—	Corbeil.

Sur ce nombre :

29 de l'Arrondissement de Versailles ont envoyé 93 rapports.

53	—	Rambouillet	—	176	—
25	—	Pontoise	—	67	—
15	—	Mantes	—	30	—
31	—	Etampes	—	123	—
24	—	Corbeil	—	75	—

218 Commissions locales n'ont pas envoyé de procès-verbaux de leurs réunions ; le nombre des enfants à surveiller n'était pas suffisant pour motiver des convocations, ou les conditions de placement étaient jugées convenables.

6 Commissions seulement avaient cessé de fonctionner par suite du refus de concours des membres désignés.

C'est dans l'arrondissement de Rambouillet, où les placements sont effectués dans les plus mauvaises conditions et aux prix les moins élevés, que les Commissions ont le mieux compris leur rôle, se sont le mieux concertées avec les médecins inspecteurs et ont provoqué le plus souvent le retrait d'enfants mal soignés.

L'utilité des Commissions locales ne saurait être appréciée uniquement par les procès-verbaux de leurs séances; ces actes prouvent seulement que les convocations ont pu être faites utilement. Partout où votre administration a pu s'assurer le concours de mères de famille, la surveillance des enfants a été suivie de résultats appréciables ; elle subsiste et s'exerce en l'absence des réunions auxquelles il est souvent assez difficile à des mères de famille de se rendre ; les rapports des médecins en font foi.

Dans quelques localités où les membres du Comité ont peut-être dépassé le but des institutions, la surveillance des enfants, les visites ont dû cesser momentanément; j'ai lieu d'espérer qu'avec le concours des médecins-inspecteurs elles pourront reprendre leurs cours. Les visites sont de nécessité et le complément obligé de l'inspection médicale.

Les avis, les conseils donnés par les mères de famille ont

été écoutés sinon toujours suivis ; les observations faites au nom du Comité ont eu des résultats appréciables ; les déplacements d'enfants motivés par défaut de soins ou alimentation défectueuse n'ont pas soulevé de difficultés ; sauf dans trois circonstances l'avis donné aux familles d'avoir à déplacer des enfants a été entendu et compris.

MM. les médecins-inspecteurs demandent que des Comités soient institués partout où il y a des enfants en nourrice ; ils reconnaissent que la surveillance restera insuffisante en l'absence d'un contrôle journalier, qui ne peut être exercé que par des personnes demeurant dans le voisinage des enfants.

Il faudrait, pour compléter l'organisation du service, constituer 285 Comités dans de petites localités où il est difficile de trouver des mères de famille disposées à en faire partie. Ces fonctions de visiteuses sont parfois difficiles à remplir dans les petites communes ; dans les grandes villes où le contrôle et la surveillance sont plus faciles à imposer, il a été jusqu'à ce jour impossible de trouver des personnes disposées à seconder les autorités et les médecins.

Lorsque la loi sera tout à fait passée dans les coutumes et qu'il sera reconnu qu'il est nécessaire de seconder et au besoin de remplacer la famille pour assurer la fidèle exécution du contrat, pour le temps pendant lequel l'enfant reste confié à des soins mercenaires, l'organisation des Comités ne présentera plus de difficultés et bien des personnes encore hésitantes, accepteront les fonctions avec empressement.

MÉDECINS INSPECTEURS :

683 communes sont réparties entre 113 médecins Inspecteurs : 3 communes restent encore sans inspection médicale.

37 médecins seulement vous ont rendu compte du fonctionnement du service pendant l'année écoulée.

A la date du 3 novembre 1877, les autorités locales pouvaient faire appliquer la loi qui avait été publiée et affichée en avril de la même année. Cependant, quand les médecins ont pris possession de leur service, il leur a fallu lutter contre l'indifférence, l'apathie et même le mauvais vouloir des autorités locales.

Ceux qui ont pensé à réclamer le concours des autorités judiciaires afin d'arriver promptement à une situation nette et précise, et à remplir leur mission chez les particuliers, n'ont plus rencontré que des difficultés de détail ; les autorités ont dû faire droit aux réclamations qui leur étaient adressées, et prendre les dispositions exigées pour la délivrance des certificats et des livrets et la réception des déclarations.

Dans beaucoup de communes, la loi n'a pu être appliquée que grâce à l'insistance des médecins Inspecteurs.

Votre administration a fait tout ce qu'elle a pu pour seconder les médecins Inspecteurs et les autorités ; elle n'est pas encore arrivée à obtenir partout une application rigoureuse de la loi, il existe encore bien des lacunes à combler ; elles disparaîtront progressivement.

Sauf dans une dizaine de communes, les registres de déclations sont tenus à jour mais incomplètement, surtout en ce qui concerne la mention des attestations de maire et de médecin, l'indication du retrait ou de la radiation des enfants et des causes de décès.

Le contrôle des livrets produits à l'appui des mémoires d'émolument fournit la preuve de la régularité des visites des Inspecteurs.

Les procès-verbaux des Comités donnent celle d'une intervention des plus efficaces du personnel médical, lorsque la condition des enfants laissait à désirer.

Les rapports adressés aux parquets donnent la certitude que les mesures de répression, édictées par la loi, ne sont appliquées qu'ensuite de l'opposition qu'ont rencontrée les médecins et de l'intervention de l'administration départementale. Ce n'est que tout à fait exceptionnellement que les autorités judiciaires ont pris l'initiative de poursuites. Jusqu'à ce jour les autorités locales ne sont pas intervenues et tout bien considéré, elles ne peuvent guère intervenir.

Cette première année d'application de la loi permet d'affirmer que la vie et la santé des nourrissons n'ont d'autre sauvegarde, lorsqu'ils paraissent compromis, que l'inspection médicale secondée par l'autorité judiciaire.

Les médecins Inspecteurs ont fait preuve, pendant cette année laborieuse, d'un zèle, d'une activité et d'une abnégation qui porteront certainement leurs fruits ; votre administration doit leur en savoir d'autant plus de gré que trop souvent le rôle que la loi leur a donné à remplir, ne leur a valu que de mauvais procédés et des rancunes.

Je ne connais qu'un seul fait de menaces adressées à un médecin ; il est antérieur à la promulgation de la loi.

Encore une année, s'ils sont secondés par les Comités et si les autorités leur prêtent leur concours, les médecins Inspecteurs seront maîtres de la situation. Les résultats obtenus dépassent les prévisions ; ils seront complets avant peu de temps.

La loi ne parle que de l'utilité de l'inspection médicale ; l'indispensable nécessité de cette institution est dès maintenant démontrée. Aussi l'administration ne doit-elle rien négliger pour la fortifier et la seconder autant qu'elle le pourra.

La lecture attentive des rapports encore peu nombreux que vous ont adressés les médecins Inspecteurs, révèlent des faits tellement intéressants que je croirais manquer à mon devoir en ne résumant pas les principales remarques consignées dans les comptes-rendus.

L'enfant et la nourrice sont les deux parties en cause qu'il faut examiner séparément ;

1° L'ENFANT.

Il a été désiré ou il sera une charge pour ses parents, il est chétif et débile ou bien constitué, il est sain ou il porte une maladie contagieuse développée ou en germe.

Il sera élevé en raison des ressources de ceux qui doivent

pourvoir à son entretien ou sa famille ne se refusera à aucun sacrifice.

Il ira chez une femme capable de s'attacher à lui et de le soigner comme son propre enfant, ou il ira chez une femme qui ne voit qu'un bénéfice à réaliser sur le salaire.

La famille s'occupera de lui et veillera à la fidèle exécution du contrat, ou bien elle laissera la nourrice complètement libre de l'élever comme elle l'entendra.

Sa santé et sa vie seront livrées aux chances du hasard, ou tout a été prévu pour leur conservation.

Il ira dans un milieu où il ne manquera de rien, ou il aura à partager la misère de celle qui l'élèvera.

Enfin il est légitime ou naturel, ou adultérin.

Autant d'enfants autant de conditions différentes et qui ne sauraient être confondues dans un rapport d'ensemble.

Ces situations particulières sont d'une importance capitale quant aux résultats de l'élevage mercenaire ; elles ne peuvent être envisagées dans un compte-rendu général ; elles frappent le médecin et ceux qui ont accepté la mission de surveiller les enfants et l'on doit en tenir compte dans l'appréciation des chances de vitalité ; elles s'effacent et doivent passer au second plan et laisser la place à une appréciation du genre d'alimentation.

Le sein. La nourriture au sein ne peut, lorsque la nourrice est saine, soumise à un régime convenable et qu'elle utilise ses forces, que donner de bons résultats. La mortalité est alors presque nulle, et n'est due qu'à des affections accidentelles.

Les relevés établissent que 1/10 seulement des enfants est nourri exclusivement au sein et que la condition est satisfaisante quand la nourrice a été mère plusieurs fois, qu'elle n'est pas trop malheureuse ; elle est passable chez les autres, elle est plus que douteuse sinon mauvaise quand il s'agit d'une fille-mère.

La nourriture mixte. La nourriture mixte donne déjà des résultats moins satisfaisants.

2/10 des enfants sont soumis à ce régime qui est celui en usage lorsque la nourrice croit pouvoir mener de front deux nourritures.

Le plus souvent, c'est le nourrisson qui pâtit et finit par languir lorsque le sein cède sa place au biberon. Alors les indigestions et les affections des voies digestives qui en sont la suite, commencent à décimer les enfants.

Seuls les médecins secondés par les commissions locales peuvent arriver à réprimer ces abus, dont les conséquences se traduisent par une mortalité déjà sensible, l'enfant dans ces conditions résistant moins aux maladies du premier âge.

Il est pénible d'avoir à constater que, encore maintenant, trop de familles ne se préoccupent en aucune façon de savoir à qui elles confient leurs enfants et ne songent pas à se renseigner en exigeant pour le moins le certificat du maire et l'attestation du médecin résidant dans le pays, et à savoir si réellement la nourrice est en état de donner exclusivement le sein à l'enfant et de le soigner convenablement.

Telle femme qui ne pourrait obtenir de certificats revient de Paris avec un enfant qu'elle s'est procuré par connaissances ou par un bureau ; elle va faire sa déclaration, les autorités locales lui délivrent une attestation, le médecin s'y refuse et informe la famille et les choses en restent-là.

Ce fait se répète journellement et se produira tant que les familles ne comprendront pas que c'est dans l'intérêt de l'enfant que la loi exige un contrôle de la condition des nourrices et sevreuses, et que la déclaration faite par un médecin a plus de valeur que la recommandation de laitières ou de fruitières.

L'allaitement artificiel. C'est le mode le plus en usage ; il est pratiqué par trop de femmes qui se croient une expérience consommée, et se délivrent le brevet de capacité mais ne comptent guère les décès qu'elles ont déclarés.

Trop souvent c'est l'industrie des plus malheureuses, de celles qui ne pouvant ou ne voulant s'occuper autrement, s'offriront à élever autant d'enfants que l'on voudra.

On peut dire que beaucoup trop souvent une femme se fait nourrice au biberon parce qu'elle n'est pas capable de faire autre chose.

Les sept dixièmes des enfants sont nourris artificiellement; quelques-uns trop faibles pour digérer la lait de vache succombent dans les premiers jours.

D'autres peuvent le digérer facilement, à condition d'avoir juste le nécessaire; ils peuvent vivre, mais étant moins bien préparés à supporter l'action des maladies de la première enfance, ils succombent en trop grand nombre.

Le reste languit, dépérit et finit par disparaître emporté par les affections des voies digestives, suite obligée de l'ingestion du lait en trop grande quantité, ou donné à discrétion, de soupes ou d'aliments qu'un enfant ne peut absolument pas digérer.

En somme, 20 0/0 de ces enfants disparaissent qui auraient pu vivre s'ils avaient été soumis à un régime dirigé avec intelligence, sévèrement contrôlé, et exigeant l'intervention soutenue du médecin.

Ce sont les victimes de ces intelligences qui ne savent pas distinguer un cri de douleur du cri provoqué par la faim, et qui vous affirment qu'un enfant ne vient bien qu'autant qu'il a toujours le ventre plein.

Comme valeur de moyens on peut établir le classement suivant.

La nourriture au verre ou à la bouteille plate.

    —   au verre et au tube,

    —   au biberon ordinaire.

Ce dernier est le plus dangereux, car il est le plus commode; c'est l'appareil qui permet de donner le plus sûrement du lait aigre ou tourné. C'est celui qui calme le mieux les cris de l'enfant. Grâce à lui le nourrisson peut rester une journée dans son berceau sans réclamer de soins, c'est le plus sûr moyen de faire un élevage sans fatigue, mais à quel prix en fin de compte ?

A la campagne, le lait peut être obtenu de bonne qualité et il peut être donné à l'enfant peu de temps après la traite;

par suite l'allaitement artificiel réussit lorsque l'enfant est dans de bonnes conditions, qu'il est attentivement surveillé et que les suites d'indispositions, conséquence obligée de ce régime, peuvent être traitées en temps utile.

Mais à la ville que peut-il donner, sinon des enfants mal venants, à gros ventre, ayant toujours la diarrhée tant que dure la dentition.

Il ne peut rien donner de mieux sachant que l'enfant n'aura que du lait d'abord écrémé, puis chauffé pour pouvoir être transporté; rien autre chose enfin que du petit lait, du fromage et une dose de beurre aussi réduite que possible.

Cette pauvreté devait amener forcément la production de succédanés du lait, des aliments à base de sucre et de fécules, dont la composition est déclarée par leurs inventeurs se rapprocher de celle du lait sinon la dépasser en qualités nutritives.

Tout bien considéré il vaut encore mieux y recourir qu'au lait venu du dehors et qu'à celui des vacheries urbaines, où le bétail ne vit guère que des résidus des marchés et des cultures maraîchères, de déchets de légumes dont les principes passent entièrement dans le lait et dont l'action sur les voies digestives des jeunes enfants n'est que trop certaine.

De deux maux il faut encore choisir le moindre, en attendant le jour où les mères comprendront qu'elles ont mieux à faire qu'à élever leurs enfants au biberon ou à les confier à la première venue et à multiplier les rachitiques.

Je ne parlerai que pour mémoire de ce mode encore trop répandu qui consiste à donner à l'enfant, dès la première semaine de la vie, pour remplacer le lait jugé trop peu nutritif, les bouillies de farines et de fécules, les panades et les soupes, tous aliments qu'un nouveau-né est incapable de digérer.

Celles qui l'emploient ont cependant tous les jours sous les yeux les exemples de femelles d'animaux allaitant leurs petits tant qu'ils sont incapables de digérer autre chose que du lait.

J'ai beau leur répéter, me disait un vieux praticien, qu'elles n'ont jamais vu un jeune veau manger du foin, elles s'obstinent à croire qu'elles font pour le mieux; l'enfant donne raison à leur système, car il ingère à peu près tout ce qu'on lui présente.

2° LA NOURRICE.

Autant d'individus, autant de types difficiles à classer.

Les 'unes sont intelligentes et en tout soigneuses.

Les autres sont bornées et manquent de soins.

D'autres enfin sont affligées d'imbécillité ; à ces dernières qui peuvent encore allaiter leurs enfants, mais non les soigner, le médecin ne doit pas laisser les enfants des autres.

Si elles montrent quelque docilité, il pourra laisser des nourrissons aux autres, mais il devra s'attendre à perdre bien du temps avant que ses avis règlent les habitudes, avant d'obtenir la correction dans l'ensemble ; il fera bien de laisser à côté d'elles quelques bonnes mères de famille bien patientes et bien dévouées pour le suppléer en son absence, et que ne rebuteront pas les mauvais procédés.

Les nourrices de cette catégorie sont plus nombreuses qu'on pourrait le supposer ; peu exigeantes pour le salaire, elles sont les plus occupées et elles occupent le plus le médecin. Avec les premières tout marche à souhait quand elles ne sont pas aux prises avec la misère, chargées d'une trop nombreuse famille, quand l'ordre règne dans le logis, quand elles ne sont pas trop intéressées et qu'elles ne cherchent pas à s'occuper au dehors.

Il incombe au médecin de lutter contre cette tendance qu'ont les autorités locales à chercher à obliger leurs administrées en leur délivrant des attestations devant servir à obtenir des enfants à élever. Trop souvent la misère est en cause par défaut d'ordre et d'économie ou d'habitudes d'intempérance du mari ; le mois de nourrice est alors dissipé en quelques jours, la misère ne devient que plus grande ensuite et le nourrisson pâtit.

En pratique il n'y a que le médecin qui puisse se prononcer sur l'aptitude à nourrir et à élever des enfants.

LES PLACEMENTS.

La prescription légale qui oblige les parents à déclarer le placement de leurs enfants est généralement observée.

Elle est à peu d'exceptions près passée dans les habitudes ; elle est promptement devenue le complément obligé de la déclaration de naissance.

Avant peu elle sera passée en usage lorsqu'il s'agira d'enfants que leurs mères ont essayé d'élever, et dont elles sont forcées de se séparer après quelques semaines de nourriture au sein ou mixte.

Si la déclaration est faite assez régulièrement partout, il n'en est pas de même de l'information donnée aux autorités du lieu de placement ; l'art. 23 du règlement est trop souvent méconnu et, comme conséquence, le médecin, n'étant pas averti, ne peut contrôler l'état des enfants à leur arrivée et surveiller la nourriture pendant les premières semaines, les plus difficiles à passer sans encombre.

LES OBLIGATIONS IMPOSÉES AUX NOURRICES.

L'art. 25 du règlement a été interprété diversement et cependant il se passe de commentaires.

Le médecin inspecteur doit seul, dans sa circonscription, apprécier s'il convient qu'une femme nourrisse deux enfants au sein.

On a tenté d'amoindrir son rôle en faisant intervenir l'allaitement mixte mis en pratique avec ou sans l'assentiment des parents. A cet égard votre administration ne pouvait hésiter ; du moment qu'un enfant est placé pour être nourri au sein, la nourrice doit produire une attestation de l'inspecteur et prouver qu'elle se trouve dans les conditions formulées dans l'art. 8. de la loi. Il ne saurait y avoir d'exceptions.

Il en est de même en ce qui concerne *l'art*. 26 ; deux enfants du premier âge occupent assez une femme, trois et plus ne peuvent sans danger pour leur santé être confiés à une seule personne. Comme pour la précédente disposition, l'administration doit lutter contre la tendance qu'ont certaines femmes à accroître leur salaire lorsqu'il doit en résulter un danger pour la santé et la vie des nourrissons.

L'application de la deuxième disposition de l'art. 8 de la loi présente plus de difficultés ; généralement l'enfant de la nourrice sur lieu va chez la première venue pour être nourri comme il lui plaît ; son existence est mise en jeu neuf fois sur dix. La loi veut que cet enfant soit allaité ou qu'il soit prouvé qu'il est en état de supporter le sevrage. La préfecture de police, qui a la surveillance des bureaux de Paris d'où partent les 3/4 des enfants de nourrices sur lieu engagées à Paris et dans nombre de départements, admettait que l'expression *allaiter* englobait tous les modes de nourriture, et que par suite la mère resterait libre de disposer de l'existence de son enfant. Une décision ministérielle est heureusement intervenue pour déterminer d'une façon précise l'intention du législateur. L'enfant de la nourrice sur lieu doit être nourri au sein ; le médecin agréé par le bureau des nourrices n'a pas qualité pour apprécier s'il peut être placé pour être nourri au biberon ou artificiellement ; seul le médecin inspecteur de la région du domicile ou le médecin qui a donné ses soins à la mère, a qualité pour décider s'il est en état de supporter le sevrage.

Il reste à savoir maintenant si cette décision est observée par les bureaux de nourrices.

LES CERTIFICATS.

Je ne m'arrêterai pas longtemps au certificat délivré par les autorités locales ; sauf de rares exceptions, il a une valeur contestable : il est donné pour la forme et trop souvent pour régulariser une situation et éviter des poursuites ; on peut dire qu'il est délivré dans l'intérêt de la nourrice et non dans l'intérêt de l'enfant. On pourrait le supprimer sans aucun inconvénient.

L'attestation médicale doit être délivrée par l'inspecteur ou par un médecin du pays, mais elle peut être obtenue au lieu où la nourrice ou sevreuse vient prendre un enfant.

Cette dernière disposition de la loi est une porte ouverte à la fraude et tout à l'avantage des bureaux dont l'intérêt n'est pas de placer des nourrices pour un séjour de longue durée, mais de les pourvoir fréquemment ; elle ne devrait pas être maitenue.

Telle femme qui chez elle est jugée incapable d'élever et de bien soigner un enfant, peut, dans une localité où personne ne la connaît, être présentée comme parfaite nourrice si elle peut avoir le droit de se procurer des certificats ailleurs que dans son pays. Même pour la nourriture au sein, une femme ne devrait pas avoir le droit de faire constater son aptitude en dehors de la région qu'elle habite, où elle est connue, où sa moralité est appréciée, où l'on sait ce qu'elle vaut et si elle est entachée ou non de maladies contagieuses transmissibles à l'enfant.

La pratique de la loi a démontré que l'obligation de se pourvoir des attestations exigées avant de se charger d'un enfant est très fréquemment méconnue, non par ignorance de la loi, mais pas crainte de ne pouvoir se les faire délivrer et par suite de sé priver d'un salaire.

A cet égard la loi est incomplète ; si la deuxième disposition de l'*art*. 29 du règlement était maintenue, il devrait être enjoint aux autorités locales de porter d'office à la connaissance des parquets les déclarations faites par les nourrices sevreuses ou gardeuses, sans justification des attestations obligatoires.

Dans l'intérêt de l'enfant l'autorisation doit précéder le placement ; elle ne saurait être délivrée lorsque le placement est effectué et c'est ce qui arrive trop souvent.

La loi a spécifié que les certificats seraient mentionnés et transcrits sur le livret de nourrice ; restant aux mains des intéressées, ils auraient une valeur indéterminée, sauf le cas où les autorités, de concert avec le médecin inspecteur et les comités, en prononcent l'annulation et en ordonnent le retrait.

En pratique, l'attestation du maire est transcrite sur le livret ; comme elle n'a de valeur qu'autant qu'elle est appuyée du certificat d'un médecin, il importe peu qu'elle reste ou non aux mains de la nourrice et qu'elle devienne sa propriété.

Le certificat du médecin est habituellement donné sur le livret ; c'est une excellente mesure qui devrait être généralement adoptée par tous les médecins. La condition de la nourrice est de cette façon contrôlée à nouveau par le médecin, chaque fois que la nourrice prend un autre enfant, car elle est tenue de se dessaisir de son livret et de le remettre à l'inspecteur qui doit le représenter pour obtenir le payement de son émolument à l'expiration du contrat.

En agissant ainsi les médecins prennent encore mieux l'intérêt de l'enfant.

En exécution des art. 8 de la loi et 25 du règlement, le médecin doit spécifier que l'enfant de la nourrice au sein peut être sevré sans inconvénient ou que sa mère peut allaiter deux enfants à la fois. Ces dispositions sont trop souvent lettre morte, et cependant c'est la condition des enfants des nourrices sur lieu, la mortalité qui les décime, qui a motivé les plaintes les plus fondées et décidé M. le docteur Monnot (de Montsauche) à donner l'alarme en révélant la mortalité qui les frappait.

Ces enfants sont livrés par leurs mères et par les bureaux à l'allaitement et à l'alimentation artificiels ; les médecins peuvent leur assurer une meilleure condition en se refusant à délivrer à leurs mères l'autorisation de se placer dans les premières semaines qui suivent la délivrance et en provoquant le déplacement des enfants.

C'est une lutte à engager contre les familles qui exigent un lait jeune, contre les bureaux qui emploient tous moyens pour satisfaire leur clientèle, contre les autorités qui, ainsi que je l'ai dit, cherchent trop souvent à obliger leurs administrés et contre la loi qui va à l'encontre des vœux de ceux qui savent ce que deviennent les enfants des nourrices sur lieu et les nourrissons qui ont à partager le sein avec l'enfant de la maison.

La seconde disposition de l'art. 8 de la loi n'a fait que sanctionner ce qui se faisait précédemment, car elle est annulée par la facilité donnée à la nourrice sur lieu de se procurer une autorisation ailleurs que dans son pays.

La nourrice sur lieu peut toujours échapper au contrôle de la loi ; il suffit pour cela qu'elle se place directement. Ce ne sera qu'en contrôlant sévèrement la condition de son enfant, que l'on pourra l'obliger à s'y conformer ; à ce point de vue tout est à faire.

BUREAUX DE NOURRICES.

Ils sont une nécessité dans les grandes villes, mais ils doivent être sévèrement réglementés et sérieusement contrôlés.

Ils ne doivent, sous les peines portées par la loi, pourvoir que des femmes régulièrement autorisées à nourrir sur lieu ou à prendre des enfants chez elles.

Néanmoins ils pourvoient trop souvent encore des femmes qui leur sont adressées sans le livret et certificats exigés et, pour satisfaire leur clientèle, ils recherchent des nourrices au sein dont les enfants âgés de quelques semaines sont remis à des nourrices sèches pour être allaités au biberon ou nourris artificiellement.

Votre administration n'a pas eu à réglementer de bureaux de nourrices, il n'en existe pas dans le département, mais seulement à spécifier à quelles conditions les bureaux de Paris pourraient recruter des nourrices dans Seine-et-Oise ; les conditions qu'elle leur a imposées ont spécialement pour objet la conservation de la vie et de la santé des enfants de nourrices sur lieu laissés ou envoyés dans le département ; il appartient à la préfecture de police de les faire respecter en exigeant la production des justifications exigées.

Quelques sages-femmes s'occupaient du placement d'enfants nés chez elles ; elles ont été mises en demeure de se

conformer aux obligations imposées par la loi aux bureaux
et aux personnes qui placent des enfants en nourrice.

REGISTRES DES MAIRES ET DES COMMISSIONS.

Ainsi que j'ai eu l'honneur de vous l'annoncer, les Registres
dont la tenue est prescrite par la loi se trouvent dans toutes
les Mairies.

J'ai pu m'assurer dans mes tournées de service qu'ils étaient
tenus par les autorités locales, mais irrégulièrement, surtout
en ce qui concerne la mention des attestations délivrées aux
nourrices.

Sauf dans les grandes communes, la tenue de ces registres
n'occasionne pas de surcroît considérable de travail aux
secrétaires.

Ces registres sont très compliqués et trop nombreux. Un
seul registre devrait servir à consigner les déclarations des
nourrices et des parents et la délivrance des certificats ; un
autre serait réservé à la Commission de surveillance.

Les deux registres de certificats pourraient être supprimés
sans inconvénient : les attestations seraient délivrées sur le
livret et forcément retirées lors de la radiation ou du décès de
l'enfant. La situation de la nourrice ou de la sevreuse serait
appréciée à nouveau par les autorités, comme elle l'est par le
médecin inspecteur, à l'occasion d'un nouvel engagement ou
d'un nouveau placement. Il deviendrait plus facile d'éli-
miner les mauvaises nourrices et d'améliorer la condition des
enfants.

Je voudrais pouvoir, monsieur le Préfet, vous soumettre en
finissant un résumé complet des renseignements statistiques
que M. le Ministre de l'Intérieur vous a demandé de faire
recueillir dans toutes les communes du département, concer-
nant le mouvement des enfants de 1 jour à 2 ans élevés
moyennant salaire, en 1877 et 1878, et la proportion des
décès comparés aux naissances.

Ce travail est encore incomplet par suite du retard apporté

par un grand nombre de communes à l'envoi des renseignements indispensables.

J'ai l'honneur d'être, avec un profond respect, monsieur le Préfet, votre très obéissant serviteur.

Dr E. SELLIER.

Versailles, le 31 janvier 1879.

ANNEXES

Ce n'est qu'en 1870 que l'Administration départementale, qui avait été saisie antérieurement de demandes formulées par le corps médical et par des Associations ayant pour mission de protéger les enfants élevés moyennant salaire, chercha à connaître à quel chiffre s'élevait la mortalité du premier âge et principalement des nourrissons.

L'enquête qu'elle prescrivit alors lui avait été demandée par M. le Ministre de l'Intérieur le 9 Avril 1870 ; elle n'a pas été achevée.

Les données qui ont pu être recueillies ont été fournies par des médecins qui avaient assuré leur concours à la Société protectrice de l'enfance.

La mortalité fut signalée comme variant du 1/4 au 1/3 (25 à 33 p. cent), pour les enfants confiés à des nourrices, alors qu'elle n'atteignait pas un cinquième (20 p. cent) pour les enfants élevés par leurs mères.

Il est à remarquer que le département de Seine-et-Oise ne fournit pas aux bureaux ou aux familles des nourrices sur lieu mariées, et qu'un très petit nombre de filles-mères se louent pour nourrir au sein. Si, comme cela a lieu dans des parties assez considérables de certains départements, les femmes mariées et les filles-mères de la campagne se louaient pour nourrir sur lieu, ce n'est pas une mortalité de 25 à 33 p. cent que l'enquête aurait relevée, mais bien de 60 à 70 p. cent. Pour être fixé à cet égard il suffit de se reporter aux résultats constatés par M. le Dr Monnot, dans le canton de Montsauche (Nièvre), où il exerce depuis de longues années.

En 1870 et jusqu'en 1877, les femmes ou filles qui pouvaient nourrir au sein trouvaient sans la moindre difficulté des nourrissons alors que leur enfant n'avait guère plus d'un mois. Dans ces conditions on sait ce qui arrive : le nourrisson, dernier venu, n'a pas une alimentation suffisante, le biberon remplace le sein et les chances de mortalité sont doublées. Actuellement les nourrices au sein ne prennent en général de nourrissons que lorsque leur enfant a quatre ou cinq mois et est assez fort pour supporter l'allaitement mixte; il y a encore trop d'exceptions autorisées par les médecins. De plus, en ce qui concerne la nourriture au biberon, les placements chez des nourrices qui n'offrent pas de garanties sont devenus impossibles et sont supprimés dès que l'autorité en a connaissance.

Les résultats constatés pour les années 1877, 1878 et 1879, ne permettent pas de douter que la loi n'ait eu pour résultat d'abaisser le chiffre de la mortalité du premier âge, de le réduire progressivement de 18 à 14 et à 9 p. cent.

L'écart relevé en 1877 entre les chiffres de décès des enfants légitimes et des enfants naturels élevés dans la famille ou en nourrice, restera toujours très sensible; la loi ne peut avoir pour effet de modifier la condition de l'enfant naturel qui trop souvent manque, comme sa mère, du nécessaire ou est placé en nourrice au prix le plus bas; on ne saurait lui demander ce qu'elle ne peut donner.

En ce qui concerne les enfants assistés, elle doit avoir pour effet, lorsque le tarif est suffisant, de fournir de meilleures nourrices que par le passé et d'accroître les chances de vie de ces enfants. Trop souvent malheureusement les bons résultats que l'on attend ne peuvent être obtenus. Pour être fixé à cet égard il suffit de constater le triste état des neuf dixièmes des enfants déposés à l'hospice dans les départements où les secours temporaires sont largement accordés aux filles-mères. Le sein, quand il peut être donné sans danger pour la santé de la nourrice, ne ranime même pas ces chétives existences.

La loi peut beaucoup pour les enfants élevés artificiellement. Les chiffres des années 1878 et 1879 en donnent la preuve.

La mortalité des enfants élevés au biberon reste double de celle des enfants au sein, mais elle s'est abaissée de moitié et elle est passée de 21 à 12 p. cent.

Les écarts de mortalité relevés pour les arrondissements d'Etampes, de Mantes et de Rambouillet sont, j'en ai la conviction, sous la dépendance d'habitudes routinières que les médecins, secondés par les Comités et les autorités et par l'Administration, peuvent faire disparaître entièrement; il leur suffira pour cela de refuser les autorisations aux nourrices incapables et à celles qui ne veulent ou ne peuvent comprendre la nécessité de soigner les indispositions d'un jeune enfant.

Dans les autres arrondissements, la situation est satisfaisante.

Il est permis de dire que la loi est maintenant régulièrement appliquée partout dans le département ; pour que cette situation se maintienne et puisse durer, il est fait une enquête à l'occasion de chaque nouveau placement d'enfant et les Comités sont invités à fournir régulièrement des renseignements sur chacun des enfants soumis à leur surveillance et à faire connaître l'appréciation du médecin-inspecteur sur la condition de chaque nourrisson.

La condition des enfants de nourrices sur lieu, âgés de moins de sept mois, n'est pas en général ce qu'elle devrait être ; la loi exige que ces enfants soient nourris au sein lorsqu'ils ne sont pas en état de supporter le sevrage ; l'administration doit veiller à ce que la loi ne soit pas enfreinte. Le salaire des nourrices sur lieu est assez élevé pour qu'elles puissent placer leurs enfants pour être nourris au sein ; leur placement est possible à des conditions raisonnables.

La situation des enfants soumis à l'allaitement artificiel doit pouvoir être améliorée ; les Comités et les Médecins-Inspecteurs n'ont que trop souvent a s'occuper d'enfants trop faibles pour pouvoir supporter sans danger ce mode de nourriture ; il leur appartient de provoquer le retrait de ces enfants par leurs parents et leur replacement pour être nourris au sein.

Ce n'est que tout à fait exceptionnellement que ce dépôt à

l'hospice est réclamé par de jeunes enfants délaissés en nourrice ; au nombre des obligations imposées aux bureaux figure
la garantie du payement de salaire et des dépenses acces-
soires à partir du jour de l'abandon ; ces bureaux ont tout
intérêt à ne placer que des enfants dont les parents ont des
ressources et à réclamer à bref délai le renvoi de nourrissons
dont l'entretien n'est plus assuré.

Les médecins ont eu fréquemment à réclamer le concours
de l'administration à l'effet d'obtenir le payement de leurs
visites et le remboursement de fournitures de médicaments ;
les démarches, qui ont été faites en suite de leurs demandes,
n'ont pas eu de résultat ; l'administration n'a pu que les engager à se faire donner à l'avenir une provision par les
familles et à réclamer l'inscription sur les listes de gratuité
des enfants dont les parents ont de la peine à acquitter les
mois de nourrice.

L'industrie nourricière fournit à la population de Seine-et-
Oise des ressources considérables et oblige le département à
faire des sacrifices proportionnés à l'importance du gain réa-
lisé : 4,000 enfants environ sont placés moyennant salaire, à
30 francs en moyenne, et motivent un apport annuel de un
million et demi environ.

RENSEIGNEMENTS STATISTIQUES

Une enquête faite, sur la demande de M. le Ministre de l'Intérieur en 1870, évaluait du quart au tiers (25 à 33 0/0) la mortalité des enfants en nourrice dans le département.

Statistique pour l'année 1877 (3 trimestres et deux tiers des communes) des enfants de 1 jour à 2 ans (d'après les états numériques fournis par les maires) :

		Au sein.	Au biberon.	En sevrage.
Enfants légitimes	Dans la famille..	15,994	2,665	486
	Décès......	1,603	219	5
	Pour cent...	10,20	8,21	1,62
	En nourrice.....	1,346	946	237
	Décès......	275	111	39
	Pour cent...	29,10	11,62	16,40
Enfants naturels	Dans la famille..	778	173	25
	Décès......	203	37	»
	Pour cent...	26,00	21,00	»
	En nourrice.....	173	162	32
	Décès......	70	30	»
	Pour cent...	44,00	17,00	»
Enfants assistés	A l'hospice......	»	29	»
	Décès......	»	7	»
	Pour cent...	»	24,00	»
	En nourrice.....	»	35	13
	Décès......	»	7	»
	Pour cent...	»	20,00	»

		Au sein.	Au biberon.	En sevrage.
Enfants secourus	Dans la famille ..	18	69	13
	Décès......	»	5	»
	Pour cent...	»	7,00	»
	En nourrice......	1	38	18
	Décès	»	6	3
	Pour cent...	»	15,00	16,00

Résumé.

Mortalité d'ensemble : *11,27 0/0.*

	Au sein.	Au biberon.	En sevrage.
Enfants en nourrice......	1,520	1,120	300
Décès...............	345	161	42
Pour cent...........	22,00	13,00	14,00

Mortalité : *18 0/0.*

Enfants dans la famille...	16,790	2,901	524
Décès	1,806	262	5
Pour cent...........	10,00	14,00	7,00

Mortalité : *5,2 0/0.*

Statistique pour l'année 1878 (année entière). Enfants de 1 jour à 2 ans élevés moyennant salaire (d'après les états nominatifs fournis par les maires) :

	En surveillance.		Décédés.	
Arrondt de Versailles..	459 garçons	477 filles	68 garçons	58 filles
— de Corbeil....	330	281	44	37
— d'Etampes....	151	140	31	24
— de Mantes....	198	207	43	37
— de Pontoise...	342	313	36	37
— de Rambouillet	352	306	56	49
	1,832	1,724	278	243

3,556 enfants et 521 décès.

Mortalité d'ensemble : *14,64 0/0* (en nourrice).

Décès en tenant compte du mode de nourriture :

Nourriture au sein, 181 décès pour 1,669 enfants.

Mortalité : *10 0/0*.

Nourriture artificielle, 399 décès pour 1,887 enfants.

Mortalité : *21 0/0*.

Décès en tenant compte de l'âge :

25 enfants ont succombé dans la 1re semaine.			
60	—		à l'âge de 8 à 15 jours.
94	—	—	15 jours à 1 mois.
99	—	—	1 à 2 mois.
114	—	—	2 à 4 mois.
63	—	—	4 à 6 mois.
99	—	—	6 à 12 mois.
21	—	—	1 à 2 ans.
5	—	—	(âge incertain).

Répartition des enfants et mortalité, en tenant compte du mode d'allaitement :

	Enf. au sein.	Décès.	P. cent.	Enf. allait. artificiellem^{t}.	Décès.	P. cent.
Arrond^{t} de Versailles...	379	61	16	557	65	11
— de Corbeil......	366	33	9	245	48	15
— d'Etampes......	144	14	9	147	41	27
— de Mantes......	133	14	10	272	66	24
— de Pontoise....	368	34	9	277	39	14
— de Rambouillet.	279	25	8	379	70	19

Statistique pour l'année 1879 (année entière) (d'après les états nominatifs fournis par les maires). Enfants de 1 jour à 2 ans élevés moyennant salaire :

	En surveillance.		Décédés.	
Arrondt de Versailles..,	628 garçons	577 filles	60 garçons	34 filles
— de Corbeil....,	447	442	48	28
— d'Etampes....,	276	262	25	25
— de Mantes. ..	240	280	29	40
— de Pontoise...	469	430	49	32
— de Rambouillet	412	409	54	61

4,872 enfants et 485 décès.

Mortalité d'ensemble : *9,9 0/0.*

Décès en tenant compte du mode de nourriture :

Nourriture au sein : 187 décès pour 2,502 enfants.

Mortalité : *7,47 0/0.*

Nourriture artificielle : 298 décès pour 2,370 enfants.

Mortalité : *12,57 0/0.*

Décès en tenant compte de l'âge :

14 enfants ont succombé dans la première semaine.			
37	—	à l'âge de 8 à 15 jours.	
76	—	—	15 à 30 jours.
66	—	—	1 à 2 mois.
114	—	—	2 à 4 mois.
54	—	—	4 à 6 mois.
101	—	—	6 à 12 mois.
23	—	—	12 à 24 mois.

Répartition des enfants et mortalité, en tenant compte du mode d'allaitement:

	Enf. au sein.	Décès.	P. cent.	Enf. allait. artificiellem[t].	Décès.	P. cent.
Arrond[t] de Versailles..	650	35	5,38	555	59	14,56
— de Corbeil.....	500	32	6,40	389	44	11,50
— d'Etampes....	268	19	7,5	270	31	11,10
— du Mantes	152	16	10,53	368	53	17,10
— de Pontoise...	551	33	5,98	348	48	13,79
— de Rambouillet	381	37	9,00	440	78	17,00

22 mai 1880.